조이라이드

조이라이드

당연하지만 누구도 말하지 못했던 이야기들

윤 서 인

기파랑

조이라이드
당연하지만 누구도 말하지 못했던 이야기들

제1화	양초씨의 고민	11
제2화	진상을 밝혀라!	16
제3화	시장은 놔둬라	20
제4화	넌 특별하지 않아	26
제5화	애들 밥먹는걸로 그러지 마라	34
제6화	남의돈 먹기 힘들다	41
제7화	보수만화를 그리는 이유	47
제8화	한,중 FTA	52
제9화	도라삐몽	56
제10화	블랙 프라이데이	61
제11화	남 탓	68
제12화	고마운 학생들	73
제13화	아름다운 그녀	79
제14화	그말이 그말이 아니지	84
제15화	통진당 해산	88
제16화	북한 인권법	93
제17화	광우병 촛불시위	99
제18화	테러가 발생하면	106

제19화	의외로 공평하다	110
제20화	나눠야 산다	114
제21화	기적의 열매	119
제22화	못된 어른들이 있다	123
제23화	양극화가 문제	128
제24화	제로섬 게임이 아냐	137
제25화	복지의 시대	145
제26화	요즘같이 힘든 때	151
제27화	현대판 음서제	156
제28화	일방통행	162
제29화	성적 재분배	168
제30화	최저임금을 올려줘	175
제31화	인간의 의지를 믿는다	181
제32화	대기업	187
제33화	맛있는 급식을 먹고 싶어요	189
제34화	싱가폴 총리 사망	193
제35화	미래에서 온 남자	197
제36화	길이 있다	204

 서문

전 균형이 싫어요

많은 사람들은 본능적으로 얘기합니다. "균형을 잘 잡아야지~" "어느 한 쪽에 치우쳐서는 안 돼~" "넌 너무 극단적이라서 문제야!" 오옷 그런가요? 네, 한 쪽으로 치우치는 것은 나쁜 거겠죠... 오케이. 그럼 그 '균형'이라는 것을 한번 잡아 보기로 합니다. 어떤 사안이든 딱 들으면 제 생각을 중간 쯤에다 맞추겠습니다. 시작~

도둑이 내 돈을 훔쳐갔다!! – "음 도둑도 물론 나쁘지만 잘 간수를 못한 너도 나쁘다."

무단 횡단을 했다! – "음 무단 횡단은 물론 문제지만 여기 횡단보도가 없는 교통 시스템도 문제." 나 수학 100점 받았어! – "음 수학 100점 받아온 건 잘한 거지만 다른 과목들은 그게 뭐니?"

어떤가요? 균형 잡힌 화법을 잘 쓰고 있나요? 휴 그런데 전 왜 이런 말들이 영 답답하게 느껴질까요.. 세상엔 균형이 필요한 일만 있는 것이 아니지 않나요... 그냥 시원하게 A다, B다 이렇게 얘기할 수 있는 사안들도 얼마든지 있지 않나요?;; "와 그 도둑놈 나쁜 놈이네!!" "무단 횡단 하지 마라!!" "수학 100점 정말 잘했다!! 이렇게 한 가지만 말하는 사람은 과연 '한쪽으로 치우친' 사람인가요. 균형을 잡고 중간으로 가려면 어떻게 해야 할까요. 네, 일단 왼쪽이 무엇인지 오른쪽이 무엇인지 파악을 해야겠죠. 그 다음에 중간으로 가서 딱 제 위치를 잡아야 하겠죠. 그런데 여기서 문제가 발생합니다. 전 왼쪽 오른쪽이 뭔지 정확하게 모릅니다;; 좌 우를 모르니 균형을 잡기가 너무 어려워요. 전 '균형'을 얘기하는 게 아니라 '제 생각'을 말하고 싶을 뿐이에요...

진영 논리? 여당 야당? 네 편, 내 편, 좌, 우? 잘 몰라요. 정치를 경제를 전공하지도 않았습니다. 뭐든 알수록 말하기가 더 조심스러워지는 법이라 했으니, 잘 모르는 김에 더 시원하게 말합니다^^; 부족한 것 잘 알지만 그냥 말할래요. 말하는 것의 가치에 집중하고 싶습니다. 그래서 이 책에 나온 내용들은 균형도 아니고 치우침도 아닌 단지 부족한 제 생각들입니다. 대한민국은 누구나 자신의 생각을 '법적 테두리 내에서' 얼마든지 표현하고 출판할 자유가 있는 나라이기에 그걸 하고 있습니다. 당연히 모자란 생각들이다보니 많은 비판도 듣고 인터넷에서 나름대로 악명(?)도 높아졌어요. 처음부터 다 각오하고 시작했습니다.

그런데 정말 뜻밖의 경험을 하고 있어요. 엉뚱하게도 제 부족한 생각을 귀엽게 봐주시고 좋아해 주시는 독자들이 너무너무 많은 겁니다. 공개된 댓글보다는 비밀 쪽지로 도달하는 많은 응원의 글들, 과일, 홍삼, 가방 등 선물을 보내주시는 독자들, 건강 검진을 해주시는 의사 선생님들까지... 헐 이것 참 매우 낯설고 신기한 기분!! 아 이래서 다들 그렇게 독자들이 원하는 만화를 그리는 구나... 뒤늦게 깨달지만 이미 늦었죠 뭐... 이럴 줄 알았으면 진작에 착한 만화(?)를 그릴 걸^^;

어쨌든 이 부족한 생각들을 모아서 모처럼 한 권의 책으로 내놓게

됐습니다. 이 책이 나오기 까지 너무나 많은 분들이 도와주셔서 일일이 열거하기도 힘듭니다. 내 동생 윤모군, 기파랑 여러분, 조페지기 님들, 현 원장님, 여의도 A군 덕분에 제가 이렇게 책도 내고 대중들도 만납니다. 항상 좌충우돌 하는 저를 감당하는 가족과 친구들, 준식아 다원아 건강해라 책 내는 김에 연예인들 수상 소감처럼 감사를 한번 표해 봅니다. 이제 저 40대 초반, 남은 인생을 더 내 생각을 말하는 데 쏟을 생각입니다. 저는 이런 게 너무 재밌어요.

'상식'으로 자리잡은 '비상식'은 불길한 기운을 퍼뜨리더니...

아니나다를까 시장에 손을좀대자는 이상한 법들이 속출하고 있다 ㅠㅠ

세계적으로 유래가 없는 희한한 법을 만들어놓고

제 4 화 : 넌 특별하지 않아

그런데...

자라면서 보니 나랑 똑같이
소중한 존재는 또 있었고

또 있고
또 있고
또 있고
또 있고
또 있고
또 있고

또 있고
또 있고
또 있고
또 있고
또 있고
또 있고

알고보니 백만명...

세상은 소중한 사람들 천지……

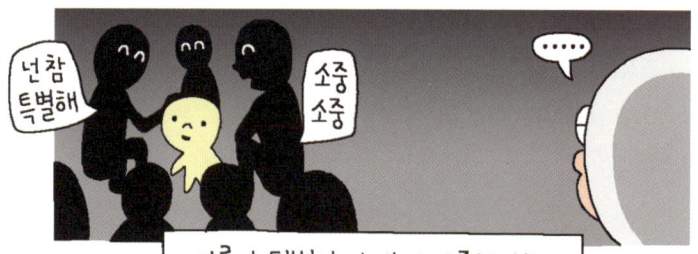

누군가 좀더일찍 이런말을 해줬더라면

아쉬움이 있다...

제 5화 : 애들 밥먹는걸로 그러지 마라

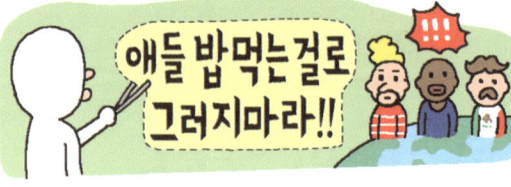

아무리 덮어봐야 애들은 다른 수백가지 현상을 통해 서로의 '차이'의 존재를 충분히 알고도 남는다.

겉으로는 애들을 위하는 정책인것 같지만 알고보면 애들을 바보취급하는 정책.

게다가 자유시장경제 국가에서 **차이**란 매우 당연한 것이고 꼭 알아야 할 것 아닌가.

의지, 노력, 개선, 발전, 인생의 성취 등이 모두 '차이의 인지'에서 출발하는 요소들…

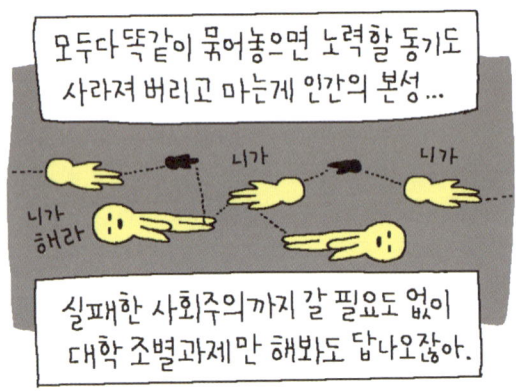

제 6 화 : 남의돈 먹기 힘들다

큰 기업들이나 자본이 공공의 적인양 몰고 가죠.

그러나 기업들도 알고보면 고단한 을의 처지에도 놓여있고

똑같은 고민을 하고있습니다...

거기에 오히려 책임은 더 엄중하고 무거우며

제 7 화 : 보수만화를 그리는 이유

이 만화는 보수성향의 만화다.
다들 아시다시피

그러다 보니 보수는 무조건 잘했다고 말하는 '편파적인 만화' 라는 소리도 종종 듣는다.

하지만 억울한건

나 역시 그들이 다 잘했다고는 전혀 생각하지 않는다는 것!!!

그동안 나라를 이끌었던 보수세력들에게 문제점이 없었을리가 없다.

제 10화 : 블랙 프라이데이

이런사람이없고

이런일이 없는게 부럽다...

"할게 없다" "할게 너무많다"

왜냐하면 다 남때문이니까. "난 선량한 피해자." 내가 개선할건 전혀 없음…

왜냐하면 다 나때문이니까. 다 내가 움직여야 하고 다 내가 해야함!

그래서 많은사람들이 힘든길 보다는

이쪽 편한길을 택하는 거야

남탓만큼 달콤한것도 없고

남탓만큼 위험한것도 없어요~

그 결과야 뭐 말할것도 없겠지….

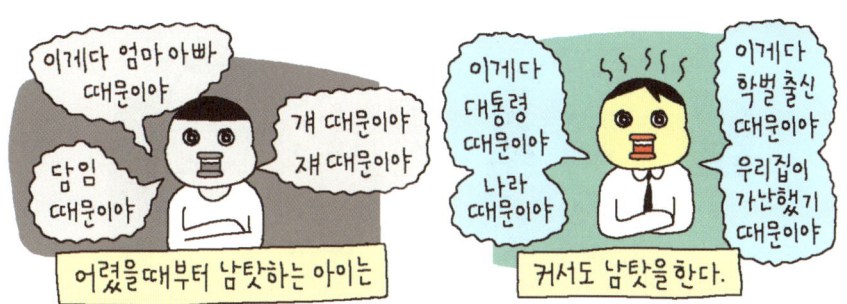

그맘을 알아보겠다고 수많은 이들이
오랜세월동안 엄청나게 연구해 보지만

쉼없는 뼈를깎는 노력만이 선택 가능성을 높여준다는 것뿐
이건뭐 정답도 없고 힘들고 서럽기 짝이없어...ㅠㅠㅠㅠ

그러지

아니나다를까 나쁜생각을 하는 사람들이 등장한다

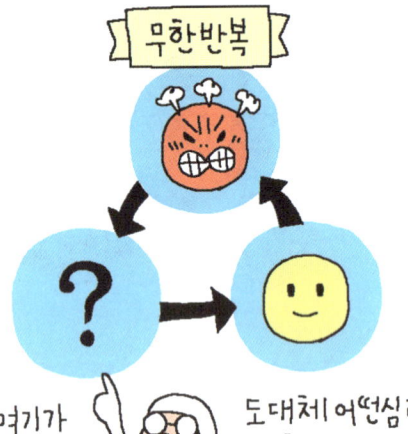

난 여기가 참 궁금하다

도대체 어떤 심리가 작용하기에 아무 해명도 변명도 없이

태연히도 돌아오는 것일까?

이 순간 분명히 어색함이 있을텐데
이 순간 분명히 위화감이 들텐데

염치 NO! 자신감이 딱?

엉터리 광우병 정보로 온 나라를 발칵
뒤집어놓았던 사람들도 일언반구 해명도 없다.

그렇게 해놓고 이렇게 넘어가도 되는건가?
다들 그러면 나도 그래도 되는건가?

우리는 암흑기에 살고있습니다.

국민들은 독재탄압으로 신음하고 있으며

참담한 하루하루를 보내고 있습니다.

지금의 이 생활들을

일상의 행복들을

앞으로도 이어갈수 있게 해주셔서 감사합니다

제16화 : 북한 인권법

제 17 화 : 광우병 촛불시위

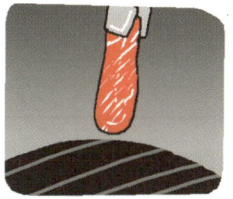

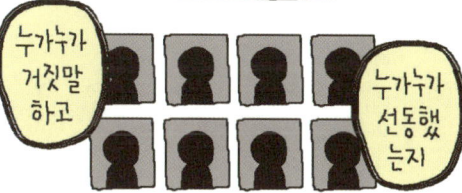

제18화 : 테러가 발생하면

대한민국 서울에서 테러가 발생하고 인질극이 벌어진다면 어떻게 될까?

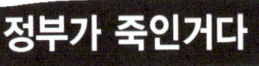

어떻게든 적을 만들어서 싸움을 붙이고

거기서 나오는 갈등과 분노를 먹고사는 넘들이 있다.

분열만이 살길이다

세포 하나도 나눌기세

제 21 화 : 기적의 열매

그러다 몇명씩 정신차려서 빠져나가면

다시 그만큼의 새로운 아이들을 충원하는식으로 그 세력을 유지한다.

더이상 보고싶지 않아...

제 23 화 : 양극화가 문제

아뿔싸! 그런데 어쩌지? 이재룡이 돈을 더 벌어서 70조가 됐다! 어떤가? 이제 10배 더 괴로운가?

아뿔싸! 그의 자산이 이젠 700조가 됐네!? 이제 100배 더 괴로운가? ㅋㅋㅋㅋㅋㅋㅋ

중요한건 지금의 내 인생

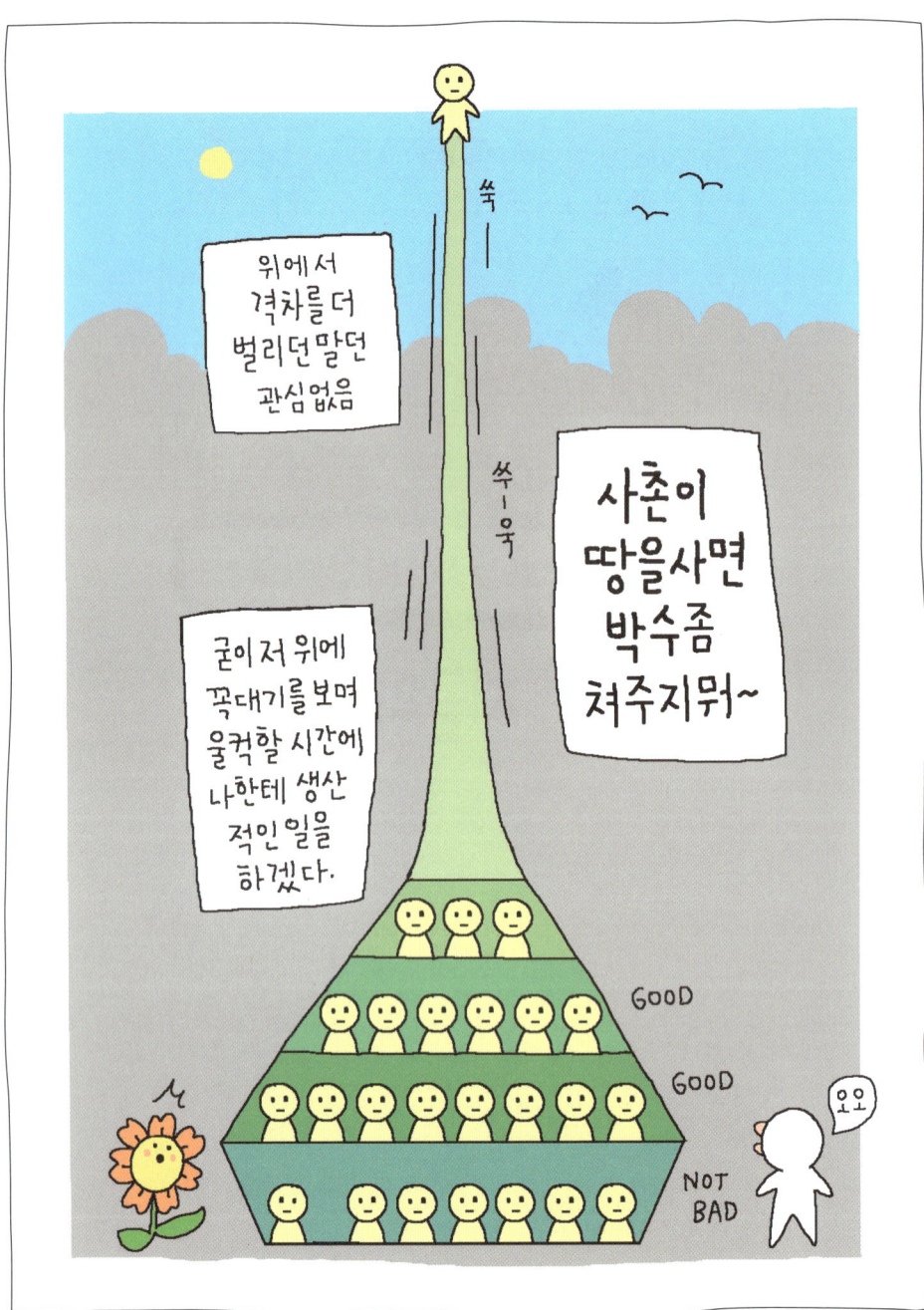

제 24 화 : 제로섬 게임이 아냐

어떤 실험에서 A에게 과자 10개를 주고

B에게 자유롭게 나눠주라고 했다.

A는 마지못해 한두개를 나눠줬다.

그러자 B는 어떻게 했을까

정답 ▶ 밖에 나가서 과자를

잔뜩 구해왔다...

여친에게 차이면 세상이 끝난것처럼 괴롭지만

어느새 또 새로운 여친이 생기는거고

기름이 떨어져서 이제 지구는 끝난것 같아도

새로운 에너지가 또 개발되는거고

심지어 몇 백만년후 지구가 차갑게 식어도

아마 그때쯤이면 새로운 살곳을 찾을걸?

"세상은 제로섬 게임이 아니야"

제 26 화 : 요즘같이 힘든 때

"요즘 사는게 어떠신가요?"
"살림살이좀 나아지셨죠??"

특집 여론조사

뭔소리여!?
"요즘같이 힘든때"

뒤질라고
으르렁 으르렁대
불황 불황

"요즘같은 불황...... 불황도 이런 불황이 없어..."

왜 '요즘'은 항상 불황일까?

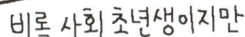

불황은 우리 마음속에 있을수도...

제 27 화 : 현대판 음서제

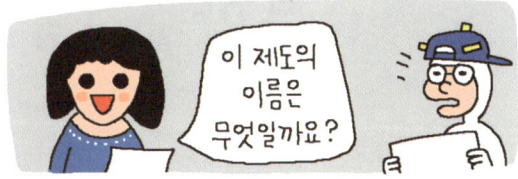

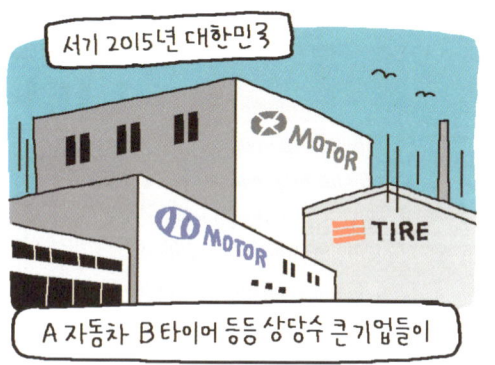

이것은 주로 노조측의 요구에 의해 만들어지고 채택되는 제도로서

이것이 바로 **현대판 음서제**

제 28 화 : 일방통행

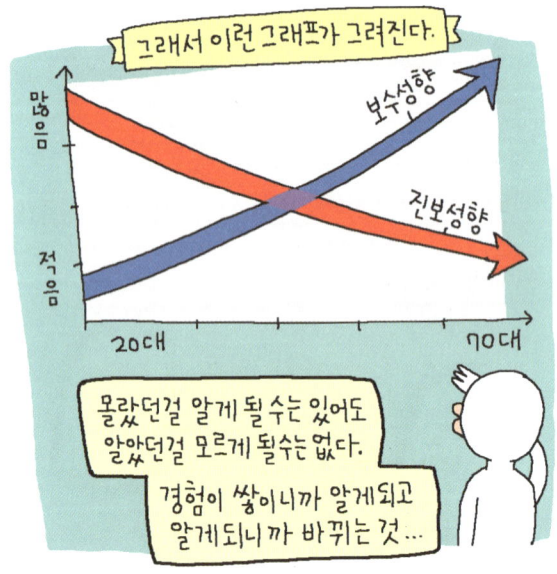

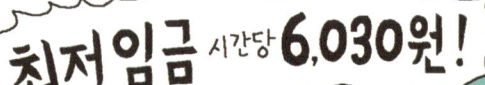

그래서 신중하게 천천히 올려야 하는겁니다.

제31화 : 인간의 의지를 믿는다

천만에!!

"나같으면 100만원밖에 못받는 원인을 고민하고"

"다른 200~300만원받는 작가들은 왜그렇게 받는지 분석하고"

"100만원짜리 일의 공수를 줄이고 잠을 줄여서라도 새로운 일을 더 붙이든지"

"300만원을 주는 연재처에 미친듯이 부딪혀보든지"

뭐라도 더 바둥바둥 노력을 할것 같은데...

"그래도 안되면? 딴걸또 해봐야지!"

"그래도 또 안되면? 딴걸또또 해봐야지! 또또또또 해봐야지!"

"내가 100만원밖에 못버는데 누워서 울고있을새가 어디있어..."

뛰는건 오로지 내몫이어야지

나라는 내가 딴거 신경쓰지않고
뛸 수 있게만 해주면 그만

제32화 : 대기업

무한반복...

모순적인 대기업에대한 시각은

알고보면 강한 욕망의 표현은 아닐까

너무나 갖고싶은 대상이 내것이 아니면

욕망이 증오로 바뀌어버리는 심리일지도 모르겠다.

보이지 않는 곳에서 불철주야 기여하고 있는 이들의 역할에도 관심을 가져주고

이들이 더욱더 잘돼서 청년들에게 좋은 일자리가 하나라도 더 돌아갔으면 좋겠다

제33화 : 맛있는 급식을 먹고 싶어요

어차피 예나 지금이나 친구들은 우리집이 넉넉치 않다는걸 다 압니다.

오히려 지금은 예전보다 제가 더 눈에 띄어 슬프고

밥이 맛없어 져서 또 슬퍼요

예전 급식이 괜찮던 때 친구들과 함께 맛있게 먹던 시절이 그립습니다...

제34화 : 싱가폴 총리 사망

이렇게 자신들을 가난으로부터 건져올려준 리더를 통째로 깎아내리는 싱가폴 국민을 본다면

지구상에 싱가폴이 부럽지 않은 몇 안되는 나라중 하나인 대한민국 국민으로서의 상식과 도리를 생각해봅니다...

제35화 : 미래에서 온 남자

수천년간 참 한결같이 배고프고
가난했던 비운의 땅 한반도...

조상 대대로 외세의 침입에 시달리며
중국을 임금의 나라로 모시면서 살아온 사람들...

그러다 급기야 섬나라에게
나라를 통째로 빼앗겼다가

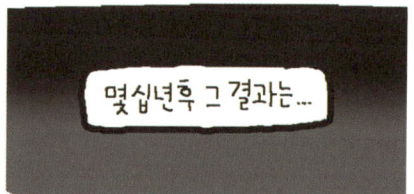

올해는 대한민국 건국대통령
탄생 141년 & 서거 51년 되는해

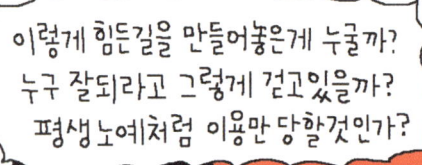

조이라이드
당연하지만 누구도 말하지 못했던 이야기들

1판 1쇄 발행일 2016년 2월 15일
1판 7쇄 인쇄일 2023년 5월 25일

작 가 윤서인
펴낸이 안병훈
펴낸곳 도서출판 기파랑
등 록 2004년 12월 27일 제300-2004-204호
주 소 서울특별시 종로구 대학로8가길 56(동숭동 1-49) 동숭빌딩 301호
전 화 02-763-8996(편집부) 02-3288-0077(영업마케팅부)
팩 스 02-763-8936
이메일 info@guiparang.com

ⓒ 윤서인 2016

ISBN 978-89-6523-848-5 07300